ILLUSTRATIONS

POUR LES ŒUVRES DE

ALFRED DE MUSSET

AQUARELLES

PAR EUGÈNE LAMI

EAUX FORTES

PAR ADOLPHE LALAUZE

PARIS

DAMASCÈNE MORGAND

55, Passage des Panoramas

1885

Cher Monsieur,

Vous me remerciez d'avoir eu l'idée de la publication que vous venez de conduire à si bonne fin, après tant de soins et de dépenses. Ce n'est pas moi qu'il faut remercier. Rien n'est plus facile que d'avoir une bonne idée quand elle ne peut ruiner que les autres. Remerciez Madame Denain qui a si généreusement mis ma première demande, mis les belles aquarelles d'Eugène Lami à votre service, remerciez Monsieur Lalauze qui a aussi bien gravé l'œuvre du peintre que le peintre avait bien interprété l'œuvre du poète, remerciez le public qui va se disputer ces belles épreuves, car le succès n'est pas douteux. Tout ce qui touche à de Musset nous est devenu doux et cher, comme il disait de la pâleur du saule à l'ombre duquel il dort. C'est qu'il a déjà pris en vingt cinq ans la place qui lui était due dans la postérité, entre Horace et Pétrarque, entre Calderon et Beaumarchais. L'auteur de Faust l'appelle mon frère, l'auteur d'Hamlet l'appelle mon fils et toutes les femmes de France, méritant vraiment le nom de femmes, ont un volume de lui sous les coussins où elles rêvent.

Dans ce pays où nous sommes divisés sur tant de choses, nous serons tous d'accord pour aimer cette âme si tendre et glorifier ce génie si pur. Au milieu de toutes les misères du présent, c'est un bon signe qui permet de ne pas désespérer de l'avenir. Un pays produit toujours des grands hommes tant qu'il conserve le culte de ceux qu'il a perdus.

Bonne chance et mille compliments affectueux

A. Dumas.

Monsieur Morgand, libraire
Passage des Panoramas, Paris.

L'ANDALOUSE.

LE LEVER.

Assez dormi, ma belle!
Ta cavale Isabelle
Hennit sous tes balcons
Vois tes piqueurs alertes
Et sur leurs manches vertes
Les pieds noirs des faucons

DON PAEZ

Tous de lui çà et là, ses compagnons de guerre,
Les uns dans leurs manteaux s'endormant sur la terre,
D'autres jouant aux dés．．．Propos, récits d'amours,
De la vie, homme en prose, et les mauvais discours
．．．．．．．．．．．．．．．

LES MARRONS DU FEU.

PORTIA.

MARDOCHE.

— Donc, dit Mardoche avec votre consentement
Je reprends mon récit et mon raisonnement
Si je ne puis pas voir ma maîtresse bien même
J'ai failli m'y casser le cou — Bonté suprême!

XXIX

Dit le bedeau c'est Dieu qui vous aurait frappé
quel est le malheureux que vous avez trompé?
Malheureux? dit Mardoche; il n'en sait rien, mon père.

OCTAVE.

On raconte qu'un jour au pied de sa fenêtre,
La belle Mariette en gondole l'a vu
Une vieille où vient l'arrête à son passage
Hélas ! dit elle ôt d'une tremblante voix
Fille voudrait vous voir une dernière fois
Mais Octave à ces mots découvrant son visage
À laisse voir un front où la joie éclatant
Mariette se meurt, eh bien dit-il qu'elle meure
Et dit . . me forni ha donna vedere una l . . .
    Alors replique-t-il porte lui ce billet
Il écrivit ces mots au bout de son stylet

SUZON.

Chacun d'eux a mis tombé raide et froid
Tandis que ses mains toutes d'un air tranquille
Avait tiré sa montre et refaçon l'appétait

L. IZORGARD P...

LA COUPE ET LES LÈVRES.

LA COUPE ET LES LÈVRES.

FRANK

J'ai là sous ma simarre
Un collier de rubis d'une espèce assez rare

Il jette un collier sur la terre

Ac. IV

D. MORGAND EDIT

E. Lami inv.   Ad. Lalauze sc

A QUOI RÊVENT LES JEUNES FILLES

LAERTE, *seul*

Mon Dieu, tu m'as béni — Tu m'as donné deux filles
Autour de mon trésor je n'ai jamais veillé
Tu me l'avais donné, je te l'ai confié
Je ne suis point venu sur les barreaux des grilles
Briser les ailes d'or de leur virginité

Ac. II Sc. I

D. MORGAND, EDIT

NAMOUNA.

ROLLA.

Rolla considerait d'un œil mélancolique
La belle Marion dormant dans son grand lit.
Je ne sais quoi d'horrible et presque diabolique
Le faisait jusqu'aux os frissonner malgré lui

UNE BONNE FORTUNE

LA NUIT DE MAI.

LA MUSE

Poète, prends ton luth et me donne un baiser ;
La fleur de l'églantier sent ses bourgeons éclore.
Le printemps naît ce soir ; les vents vont s'embraser ;
Et la bergeronnette, en attendant l'aurore,
Aux premiers buissons verts commence à se poser.
Poète, prends ton luth, et me donne un baiser.

LA NUIT DE DÉCEMBRE.

Un an après il était nuit
J'étais à genoux près du lit
Où venait de mourir mon père.
Au chevet du lit vint s'asseoir
Un orphelin vêtu de noir
Qui me ressemblait comme un frère.

A LA MALIBRAN.

XXVII

.... l'amour humain ....le
....
.... pour un amour divin!

ALFRED DE MUSSET

A LYDIE.

TRADUIT D'HORACE — ODE IX LIVRE III

HORACE.

Lorsque je t'avais pour amie,
Quand nul jeune garçon plus robuste que moi
N'entourait de ses bras ton épaule arrondie
Auprès de toi, blanche Lydie
J'ai vécu plus joyeux et plus heureux qu'un roi

A NIXON.

[illegible faded verse]

LA NUIT D'OCTOBRE.

LA MUSE

Qu'aviez-vous donc, ô mon poète,
Et quelle est la peine secrète
Qui de moi vous a séparé?
Hélas! je m'en ressens encore.
Quel est donc ce mal que j'ignore
Et que j'ai si longtemps pleuré?

MORGANI FECIT

IDYLLE

À propos de la nuit passée en route en commun,
Amis le verre en main ils murmurent leur ennui,
qu'ils entretiennent …… …………
Mais q'aux tels qu'un vieux vin les conseille et les …….

SILVIA.

Lorsqu'on trouva, le jour étant venu,
Le jeune homme couché par terre,
Ce fut une grande rumeur;
Et le père, dans ce malheur,
Fut le désespoir de la mère.

SIMONE

Ayant tout le monde à balai
Et le juge même à rire,
Pour mieux prouver son simple dire
Elle s'en vint vers le ruisseau
Dans lequel le froid jeune eau
Si mort, pâle et morcelé sous le
Pan vacillant, une fleur semblable
À cette fleur que sa mère
Sur ses lèvres avait placée
Sa pauvre âme eut une pensée
Qu'il fut de taire comme lui.

SOUVENIR.

Je voulais bien pleurer, mais je croyais sourire
En osant te revoir, place à jamais sacrée,
Ô la plus chère tombe et la plus ignorée
Où dorme un souvenir.

E. Lami inv.   Ad. Lalauze sc.

LE RHIN ALLEMAND.

Nous l'avons eu votre Rhin allemand,
Il a nos morts une plaie ouverte,
Le coup est rendu triomphant
A déchire sa robe verte.
Où le père a passé passera bien l'enfant

I. MORGAND ÉDIT

LE TREIZE JUILLET.

XXI

ADIEU, SUZON!

SUR TROIS MARCHES DE MARBRE ROSE.

Beau marbre, as-tu vu La Vallière ?
De Parabère ou de Sabran
Laquelle savait mieux te plaire ?
Entre Sabran et Parabère
Le Régent même après souper
N'avait jusqu'à s'y tromper

LA NUIT VÉNITIENNE.

RAZETTA.

...l'heure est passée... Rien ne doit me retenir... Mais par où entrer?
Appelerai-je? Tenterai-je de gravir cette muraille elevée?... Suis-je
trahi? réellement trahi? Laurette... Si j'apercevais un valet, peut-être
avec de l'or... Je ne vois aucune lumière... Le repos semble régner
dans cette maison.

Sc. III

G. MORGAND, EDIT.

ANDRÉ DEL SARTO.

LES CAPRICES DE MARIANNE.

LES CAPRICES DE MARIANNE.

OCTAVE

Adieu Marianne, l'amour, ma place est vide sur la terre

MARIANNE

Mais non pas dans mon cœur, Octave. Pourquoi dis-tu adieu

OCTAVE

Pauvre Octave de Marianne, c'est Cœlio qui vous aimait

FANTASIO.

MORGAND EDIT

ON NE BADINE PAS AVEC L'AMOUR.

PERDICAN

Puisque ta mère n'y est pas viens faire un tour
de promenade.

ROSETTE

Croyez-vous qu'elle me fasse du bien tous ces
baisers que vous me donnez?

PERDICAN

Quel mal y trouves-tu? Je t'embrasserais devant
ta mère. N'es-tu pas la sœur de Camille? ne suis-je
pas ton frère comme je suis le sien?

...

F. Lami inv. Ad. Lalauze sc.

BARBERINE.

LA REINE

Eh bien Rosemberg, ton pari?

ROSEMBERG

Il est perdu, madame, comme vous voyez.

Acte III sc. XI

D. MORGAND, ÉDIT.

F. Lami inv. — Ad. Lalauze sc.

LORENZACCIO.

[illegible]

[illegible] content [illegible] de mon protégé?

[illegible] sofa.

[illegible] cotte de mailles, mignon. Mais [illegible]

LE DUC

[illegible] n'en porterais pas. Mais [illegible] la plus [illegible] en même temps [illegible] est [illegible]

[illegible]

D. MORGAND EDIT.

LE CHANDELIER.

MAÎTRE ANDRÉ

Gai, aux amours de Fortune

il chante

deux ramiers buvaient sous l'eau

FORTUNIO

Cette chanson-là est bien vieille, chantez donc, monsieur Clavaroche.

Acte III, sc. 3.

D. MORGAND ÉDIT.

UN CAPRICE.

CHAVIGNY

Parlons caprice. Vous convenez donc qu'une femme peut en avoir?

MADAME DE LERY

Est-ce que vous en êtes à le demander?

Sc. VIII

D. MORGAND EDIT.

IL FAUT QU'UNE PORTE SOIT OUVERTE OU FERMÉE.

LA MARQUISE.

Et qu'est-ce que ce coussin fait dans votre main?
Je vous l'avais demandé pour mettre sous mes pieds.

LE COMTE.

Eh bien! l'y voilà, et moi aussi, et je vous ferai une
déclaration bon gré, mal gré, vieille comme les rues,
et bête comme une oie, car je suis furieux contre vous.

L. MORGAND EDIT.

LOUISON.

LE DUC.

Et tu t'en vas si vite?
Non, parbleu! Reste là. Que veut dire ceci?
Que vois-je? mon anneau que tu me rends ainsi!

Acte I, Sc. I.

F. Lami inv. Ad. Lalauze sc.

CARMOSINE.

MAITRE BERNARD

Que veux-tu? Je te le répète, je ne peux pas te laisser mourir. Toi si jeune, si forte, si belle! Doutes-tu de ton père? Ne diras-tu rien? T'en iras-tu comme cela? Nous sommes riches, mon enfant, si tu as quelques désirs... Les jeunes filles sont parfois bien folles, qu'importe? il te faut un mot, rien de plus, un mot dit à l'oreille de ton père.

A. / . .

D. MORGAND EDIT.

E. Lami inv. Ad. Lalauze sc.

BETTINE.

LE MARQUIS.

Que serait-ce donc si vous étiez à moi?

BETTINE.

Ah! Stefani... Mais c'est impossible.

LE MARQUIS.

Ne le dites pas trop vite, ne vous hâtez pas. C'est à tout ce que je vous demande.

P. XVII.

L. ISAMBARD ÉDIT.

EMMELINE.

J'ai votre parole, dit la jeune fille, je compte sur vous pour sauver ma sœur; et si vous partez, ajouta-t-elle en lui prenant la main sans songer qu'on pût l'observer, si vous partez, nous serons quelquefois deux à penser au pauvre voyageur. »

IX

E. Lami inv.   Ad. Lalauze sc.

LES DEUX MAITRESSES.

Cent fois, le soir près de la lampe, le jeune homme avait suivi des yeux, sur le canevas, les doigts habiles de la veuve, cent fois, au milieu d'un entretien animé, il s'était arrêté, observant un religieux silence, tandis qu'elle comptait ses points;

VIII

D. MORGAND, ÉDIT.

E. Lami inv.   Ad Lalauze sc.

FRÉDÉRIC ET BERNERETTE.

Bernerette rejeta son voile en arrière et entonna le refrain d'une fanfare; mais elle s'arrêta tout à coup. La brillante étoile de Vénus, qui scintillait sur la montagne, avait frappé ses yeux; et, comme sous le charme d'une pensée plus tendre, elle chanta sur un air allemand les vers suivants.

V.

D. MORGAND EDIT

LE FILS DU TITIEN.

À ce souvenir, il tournait la tête; mais, au lieu du sévère visage du Titien, il voyait Béatrice les bras et le sein nus, le front couronné de perles qui se préparait à poser devant lui, et qui lui disait en souriant : « Quand il vous plaira, mon seigneur. »

VII.

D. MORGAND ÉDIT

MARGOT.

Le lendemain, en quittant sa ferme, l'officier remercia ses hôtes, et, au moment de remonter à cheval, il ne put s'empêcher de dire à la fermière :

« Et vos amours d'autrefois, Margot, vous en souvient-il ?

— Ma foi monsieur le comte, répondit Margot, ils sont restés dans la rivière.

— Et avec la permission de monsieur, ajouta Perrot, je n'irai pas les y repêcher. »

CROISILLES.

« Écoute, dit il presque hors de lui et résolu à en finir à tout prix tu n'es pas tellement fou que tu ne puisses comprendre un mot de sens commun. Es-tu riche?... Non. Es tu noble?... Encore moins. Qu'est-ce que c'est que la frénésie qui t'amène? Tu viens me tracasser, tu crois faire un coup de tête; tu sais parfaitement bien que c'est inutile; tu veux me rendre responsable de ta mort. As-tu à te plaindre de moi? Dois-je un sou à ton père? Est-ce ma faute si tu en es là? Eh, mordieu! on se noie et on se tait.

Ch. II

D MORGAND, ÉDIT

MIMI PINSON.

Mimi Pinson est une blonde,
Une blonde que l'on connaît.
Elle n'a qu'une robe au monde,
    Landerirette!
    Et qu'un bonnet.
Le Grand Turc en a davantage.
Dieu voulut de cette façon,
    La rendre sage:
On ne peut pas la mettre en gage
La robe de Mimi Pinson.

LA MOUCHE.

Or le hasard voulut qu'en causant, en riant et en gesticulant, cet éventail vint à lui échapper et à tomber sous un fauteuil, précisément devant le chevalier. Il se précipita aussitôt pour le ramasser, et comme, pour cela, il avait mis un genou en terre, la jeune dame lui parut si charmante, qu'il lui présenta l'éventail sans se relever.

D. MORGAND, ÉDIT.

LA CONFESSION D'UN ENFANT DU SIÈCLE.

Au milieu de ce bacchanal, la belle Marco restait muette, ne buvant pas, appuyée tranquillement sur son bras nu et laissant rêver sa paresse.

2ᵉ Part. Ch. IV

LA CONFESSION D'UN ENFANT DU SIÈCLE.

E. Lami inv. Ad. Lalauze sc.

LA CONFESSION D'UN ENFANT DU SIÈCLE.

La femme à ces dernières paroles, se jeta sur un fauteuil et sanglota. Le jeune homme fondait en larmes; mais il resta immobile et comme ne voulant pas lui même s'apercevoir de sa douleur.

Titre avec le portrait d'Alfred de Musset	1	Sur trois marches de marbre rose	31
Lettre de M. Alexandre Dumas	*	Frontispice des Comédies et Proverbes	32
Frontispice des Œuvres	2	La Nuit vénitienne	33
Frontispice des Poésies	3	André del Sarto	34
L'Andalouse	4	Les Caprices de Marianne (Acte I)	35
Le Lever	5	Les Caprices de Marianne (Acte II)	36
Don Paez	6	Fantasio	37
Les Marrons du feu	7	On ne badine pas avec l'Amour	38
Portia	8	Barberine	39
Mardoche	9	Lorenzaccio	40
Octave	10	Le Chandelier	41
Suzon	11	Un Caprice	42
La Coupe et les Lèvres (Acte II)	12	Il faut qu'une porte soit ouverte ou fermée	43
La Coupe et les Lèvres (Acte IV)	13	Louison	44
A quoi rêvent les jeunes filles	14	Carmosine	45
Namouna	15	Bettine	46
Rolla	16	Frontispice des Contes et Nouvelles	47
Une Bonne Fortune	17	Emmeline	48
La Nuit de mai	18	Les Deux Maîtresses	49
La Nuit de décembre	19	Frédéric et Bernerette	50
A la Malibran	20	Le Fils du Titien	51
A Lydie	21	Margot	52
A Ninon	22	Croisilles	53
La Nuit d'octobre	23	Mimi Pinson	54
Idylle	24	La Mouche	55
Silvia	25	La Confession d'un enfant du siècle (1er par.)	56
Simone	26	La Confession d'un enfant du siècle (III par.)	57
Souvenir	27	La Confession d'un enfant du siècle (V par.)	58
Le Rhin allemand	28	Table des Illustrations	59
Le Treize juillet	29	Marque de l'Imprimeur	60
Adieu Suzon	30		

D MORGAND EDIT.